SCHIZOFRENIA

GUIDA ALLA COMPRENSIONE E ALLA GESTIONE DELLA SCHIZOFRENIA

AMANDA ALLAN

CONTENTS

INTRODUZIONE

La società tende a travisare qualcosa all'inizio e poi a seguirla. Il pubblico inizia a desiderare questa disfunzione in modo così forte che non c'è motivo per i media di mostrare la realtà della situazione. Lo stimolo che la falsa realtà porta è, semplicemente, più eccitante. Sebbene questo concetto possa essere applicato a una moltitudine di problemi della società, uno in particolare che continua a ricevere la parte più corta del bastone è la salute mentale. Gli esseri umani non hanno la piena capacità di identificarsi e comprendere le cose che non sono fisicamente evidenti per noi. Certo, il nostro cervello ha un processo di concettualizzazione migliore di quello della maggior parte delle altre creature viventi, eppure continuiamo a lottare per accettare la validità di alcune delle lotte umane più basilari, come la malattia mentale.

La realtà è che il 46,4% della popolazione adulta degli Stati Uniti sperimenta una malattia mentale a un certo punto della propria vita. Quasi la metà degli adulti americani avrà a che fare in qualche misura con un disturbo mentale o emotivo, ma non tutti sono consapevoli di ciò che accade, né tantomeno cercano aiuto per gestirlo. Se questo problema è così comune, perché la società continua a stigmatizzarlo? La verità è che, sebbene i disturbi mentali siano esistiti per tutta la storia dell'umanità, la loro corretta identificazione non è esistita. Anche se nell'ultimo mezzo secolo abbiamo fatto progressi nella diagnosi corretta dei disturbi mentali, abbiamo ancora molto da imparare su di essi. È spaventoso il fatto che, non manifestandosi fisicamente, la loro gravità non venga spesso equiparata a quella delle malattie del corpo. Questo non solo li lascia stigmatizzati, ma anche poco studiati.

La schizofrenia viene spesso presentata come il disturbo mentale più spaventoso, più raro, più misterioso e più pericoloso. Non siete certo gli unici a cui la società ha detto di pensare alla schizofrenia in questo modo, perché questo è ciò che è stato presentato al grande pubblico per decenni e decenni. Non c'è da stupirsi, tuttavia, perché la nostra società sta ancora lottando per comprendere appieno disturbi molto più comuni, come i disturbi d'ansia o la depressione.

A Beautiful Mind, un film americano uscito nel 2001, è uno dei film più popolari incentrati sul tema della schizofrenia. È basato sulla storia vera di un matematico, John Nash, che ha sviluppato la schizofrenia a 30 anni e che in seguito ha visto il suo disturbo apparentemente scomparire. Da un lato, questo film ha il ruolo critico di dare alla schizofrenia l'esposizione necessaria per raggiungere la piena accettazione e assimilazione da parte della società. Utilizza una trama efficace per mostrare la progressione del disturbo del personaggio, compreso il suo miglioramento finale nella gestione dei sintomi. D'altra parte, però, lasciare che questo film sia l'unica rappresentazione della schizofrenia può portare a ulteriori fraintendimenti. Con alcune scene che descrivono scenari pericolosi per gli altri a causa della reazione del protagonista alle sue allucinazioni, si può pensare che tutti gli individui affetti da schizofrenia rappresentino una minaccia. Questo non significa che il film avrebbe dovuto tagliare queste scene, ma piuttosto che i media hanno bisogno di una maggiore rappresentazione della schizofrenia per fornire al pubblico una prospettiva accurata dell'intero spettro del disturbo.

Per coloro che non sono mai entrati in contatto con la schizofrenia in prima persona o attraverso una persona cara, la sua realtà rimarrà probabilmente mistificante e oscura. Solo attraverso un'adeguata educazione saremo in grado di superare l'etichetta di disturbo della schizofrenia come qualcosa di selvaggiamente sconcertante e di concentrarci invece sul sostegno e sull'accettazione di coloro che ne soffrono.

Alla ricerca di una soluzione

Attualmente esiste un divario piuttosto evidente tra la popolazione generale e gli specialisti nei campi della psicologia, della biologia e della psichiatria. Con i progressi della medicina che si moltiplicano di minuto in minuto, la scienza sta facendo non solo passi avanti, ma anche balzi in avanti verso una migliore comprensione della schizofrenia. La maggior parte del resto della popolazione, tuttavia, rimane ignara della maggior parte delle nuove scoperte o degli studi condotti. Ciò che viene loro propinato dai media tende ad aumentare ulteriormente la loro confusione o mancanza di conoscenza. La schizofrenia ha effettivamente il potenziale per essere un disturbo pericoloso, ma non nel modo in cui la maggior parte delle persone pensa. La schizofrenia rappresenta la minaccia maggiore per l'individuo che ne è affetto, non per gli altri che lo circondano. Il modo migliore per far sì che la schizofrenia rappresenti un pericolo minore per l'individuo è quello di migliorare la comprensione della malattia da parte del pubblico.

Scegliendo di istruirvi su questo argomento, avete già fatto il primo passo per contribuire a riparare i danni causati alle persone affette da schizofrenia. In questo modo non solo sarete più informati, ma sarete anche ben preparati ad affrontare le difficoltà che vi si presenteranno. Molte risorse sulla schizofrenia - e su altri disturbi mentali di simile gravità - offrono esclusivamente statistiche o contenuti ricchi di fatti che bombardano il lettore con informazioni senza offrire alcuna speranza di risoluzione. Questo non solo allontana coloro che sono già eccessivamente spaventati dal disturbo, ma ripete anche le stesse identiche informazioni offerte dalla maggior parte delle altre risorse più facilmente accessibili. Evidentemente, questo può anche causare un ulteriore stress mentale a coloro che, in un modo o nell'altro, hanno a che fare direttamente con la schizofrenia nella loro vita. Per evitare questa inutile rotazione di informazioni identiche, è importante fornire risorse che non offrano solo fatti e statistiche. Dovremmo invece fornire risorse che insegnino l'intero spettro del disturbo, gli eventi passati che hanno contribuito alla sua attuale comprensione e, soprattutto, come dare priorità alle persone affette da schizofrenia rispetto al disturbo stesso. Questo è esattamente l'obiettivo di questo libro.

CAPITOLO 1:
SCHIZOFRENIA: UNA PANORAMICA

Innanzitutto, è fondamentale capire che la schizofrenia non si manifesta nello stesso modo per tutti gli individui e ha una gamma di effetti diversi. In effetti, è proprio questa unicità di ogni individuo a rendere la schizofrenia così complessa e a confondere molti specialisti. La schizofrenia è definita come un disturbo mentale cronico e grave che può causare una percezione distorta della realtà. In genere colpisce i processi di pensiero dell'individuo e la sua capacità di gestire le emozioni e il comportamento. Le radici del termine derivano dalle parole greche "schizo" e "phrene", che significano rispettivamente "scissione" e "mente". Tuttavia, ciò porta spesso ad associarlo al disturbo dissociativo dell'identità (DID), in cui l'individuo possiede almeno due personalità distinte. Spesso vengono confusi, ma si tratta di due disturbi distinti con sintomi e trattamenti diversi. La schizofrenia è classificata come un disturbo incurabile e spesso richiede un trattamento che dura tutta la vita. La distorsione della realtà rende incredibilmente difficile e spesso impossibile per l'individuo distinguere tra ciò che è reale e ciò che è un sintomo della schizofrenia. Può far sì che l'individuo abbia la sensazione di aver perso il contatto con la realtà, rendendo incredibilmente difficili le attività e gli impegni quotidiani. Senza dubbio, la schizofrenia è un disturbo piuttosto impegnativo con cui convivere.

Attualmente si calcola che la schizofrenia colpisca l'1,2% della popolazione ameri-cana. A prima vista, quell'1,2% potrebbe non sembrare molto, ma ciò lascia anco-ra 3,2 milioni di persone negli Stati Uniti che convivono con le difficoltà derivanti da questo disturbo. Sebbene sia tecnicamente incurabile, i trattamenti offerti a livello professionale sono molto efficaci e possono aiutare molte persone affette da questa patologia a condurre una vita normale. È sorprendente che ogni anno circa il 40% delle persone affette da schizofrenia non riceva alcun trattamento. Lasciare la schizofrenia non trattata o addirittura sottotrattata mette la persona a rischio di sviluppare sintomi peggiori e aumenta le possibilità di imbattersi in complicazioni future.

La schizofrenia spesso si accompagna o causa altre malattie mentali o comorbid-ità. Uno dei problemi più comuni è lo sviluppo di un disturbo d'ansia sociale. Questo spesso deriva dal fatto che molte persone con schizofrenia diventano sempre meno socievoli e si ritirano da molte interazioni sociali. Con il tempo, molti si ritrovano insolitamente ansiosi quando si trovano in determinate situ-azioni sociali. Oltre all'ansia, la schizofrenia può essere accompagnata da de-pressione. Infatti, una persona su quattro con diagnosi di schizofrenia soddisfa anche i criteri per una diagnosi di depressione. Spesso la causa è la mancanza di un trattamento adeguato. Questa combinazione viene spesso confusa con il disturbo schizoaffettivo. A differenza della schizofrenia, che spesso è la causa della depressione di un individuo, le persone con diagnosi di disturbo schizoaffettivo presentano contemporaneamente i sintomi della schizofrenia e di un grave dis-turbo dell'umore, come gli episodi depressivi maggiori o il disturbo bipolare. Il disturbo schizoaffettivo viene diagnosticato ancora più raramente: si stima che solo lo 0,3% delle persone lo svilupperà nel corso della vita.

Purtroppo, a causa delle comuni complicazioni dei vari disturbi d'ansia e della depressione da essa causata, le persone che vivono con la schizofrenia hanno una probabilità significativamente maggiore di avere pensieri suicidi. In effetti, alcuni studi hanno dimostrato che il tasso di suicidio delle persone affette da schizofrenia è più di 20 volte superiore a quello delle persone che non soffrono di questo disturbo. Contrariamente a quanto molti possono credere, in genere non sono i sintomi della schizofrenia a spingere le persone verso pensieri suicidi. Più comunemente, sono i sentimenti di disperazione, isolamento, inutilità e consapevolezza degli effetti negativi della schizofrenia a essere ampiamente responsabili di questo fenomeno.

Le persone con schizofrenia possono subire molte discriminazioni, spesso fatali. Nel sistema sanitario, molte persone con schizofrenia vengono trascurate. In altre parole, molti dei loro problemi di salute fisica non vengono trattati perché gli operatori sanitari ritengono erroneamente che i sintomi che dichiarano di avere non siano reali. A causa di questo tipo di problemi, l'aspettativa di vita di una persona affetta da schizofrenia è fino a 20 anni inferiore rispetto all'aspettativa di vita media di una persona che non soffre di un disturbo mentale grave. Anche dopo aver tenuto conto del tasso di suicidio più elevato, prevalente nelle persone affette da schizofrenia, il loro tasso di mortalità rimane sostanzialmente più alto del previsto. Le malattie, in particolare quelle cardiovascolari, metaboliche e infettive, sono le principali malattie fisiche che vengono sottotrattate e contribuiscono a queste statistiche di morte prematura. Anche l'abuso di sostanze è notevolmente più elevato nelle persone affette da schizofrenia. Il più delle volte, l'abuso di sostanze inizia nel tentativo di alleviare i sintomi, di attenuare i sentimenti di depressione associati e di far fronte alle difficoltà di affrontare lo stigma. L'incapacità del sistema medico di accogliere e trattare le persone con schizofrenia in modo paritario lascia molti a rischio.

Insorgenza e cause della schizofrenia

La schizofrenia si sviluppa più spesso tra i 20 e i 30 anni, con gli uomini che di solito sviluppano i sintomi prima delle donne. Alcuni hanno teorizzato che la produzione di estrogeni da parte delle donne durante la pubertà possa essere responsabile della protezione contro l'insorgenza della schizofrenia per un periodo più lungo. È estremamente raro che una persona riceva una diagnosi di schizofrenia prima dei 12 anni di età. Oltre alla sua naturale tendenza a svilupparsi nella prima età adulta, è anche incredibilmente difficile per alcuni genitori riuscire a distinguere i normali comportamenti del proprio figlio dai segnali di allarme della schizofrenia. Molti genitori sono portati a pensare che il bambino si stia semplicemente sviluppando a un ritmo un po' più lento o che la colpa sia della sua immaturità.

Le cause della schizofrenia sono ancora in fase di ricerca e non sono ancora stati trovati risultati definitivi. Finora si ritiene che lo sviluppo del disturbo sia causato da una combinazione di fattori, tra cui:

- Genetica

- Complicazioni della gravidanza o del parto della madre

- Fattori ambientali

- Cambiamenti strutturali e fisici del cervello

- Cambiamenti ormonali

- Lesione cerebrale

Dal punto di vista genetico, finora non è stato individuato un singolo gene responsabile dell'insorgenza della patologia. Tuttavia, un legame genetico è spesso presente. Alcuni studi hanno dimostrato che le persone con un gemello identico affetto da schizofrenia hanno il 65% di probabilità di sviluppare a loro volta il disturbo, rispetto all'1% della popolazione generale. Per i figli biologici di genitori a cui è stato diagnosticato il disturbo, le probabilità sono del 50%. Sebbene esistano numerose prove a sostegno dell'esistenza di un legame genetico, l'esatto modello di ereditarietà rimane poco chiaro. A volte sono in gioco mutazioni genetiche. Un piccolo cambiamento all'interno dei geni, apparentemente insignificante come una delezione o una duplicazione di un singolo nucleotide, può automaticamente portare l'individuo a un rischio maggiore di sviluppare la condizione.

Molti professionisti ritengono che i soggetti affetti da schizofrenia abbiano maggiori probabilità di aver subito qualche forma di complicazione durante la gravidanza o il parto della madre. Tra gli aspetti specifici che possono potenzialmente causare lo sviluppo della schizofrenia vi sono:

- Peso alla nascita inferiore alla media

- Nascita prematura

- Asfissia da parto

Oltre a questi tre fattori, si ipotizza che anche lo stato di salute della madre durante la gravidanza possa avere un effetto, in particolare se ha contratto un virus. La spiegazione comunemente proposta è che questi fattori possono influenzare lo sviluppo cerebrale del feto.

Fattori come le mutazioni genetiche, l'ereditarietà e le complicazioni alla nascita, che sono completamente fuori dal controllo dell'individuo, non significano che questi svilupperà sicuramente la schizofrenia. In realtà, alcuni fattori ambientali giocano un ruolo molto più importante nel determinare se un individuo svilupperà o meno la condizione. I traumi infantili sono uno dei fattori scatenanti più comuni della schizofrenia: i bambini che ne sono stati vittime hanno una probabilità tre volte maggiore di ammalarsi di schizofrenia in età avanzata. Inoltre, i pazienti con un disturbo psicotico che sono stati esposti a traumi durante l'infanzia avevano due volte più probabilità di agire in modo violento rispetto a quelli che non erano stati esposti a traumi. Ciò induce molti a ritenere che le esperienze vissute da un bambino durante il suo sviluppo siano uno dei fattori più influenti nello sviluppo e nella gravità della schizofrenia in età avanzata. Ben l'85% dei pazienti affetti da schizofrenia riferisce di aver subito qualche tipo di trauma o abuso infantile.

Da tempo è stato segnalato che gli uomini hanno maggiori probabilità di sviluppare la condizione prima delle donne e con una maggiore gravità dei sintomi, in media. Questa differenza ha lasciato perplessi gli scienziati per molto tempo, ma studi recenti hanno sostenuto l'ipotesi che gli estrogeni agiscano da cuscinetto per l'insorgenza del disturbo. Infatti, su 276 donne con schizofrenia ricoverate in un centro di cura psichiatrico, 127 sono state ricoverate in un momento del ciclo ormonale in cui gli estrogeni erano meno presenti nel loro sistema. Poiché gli estrogeni svolgono probabilmente un ruolo cruciale nella schizofrenia, non sorprende che gli uomini ne siano vittime più precocemente e più duramente.

Un'influenza che attualmente viene studiata in relazione alla schizofrenia è l'uso di droghe nell'adolescenza e nella prima età adulta. Quando le persone fanno uso di droghe, come la cocaina, l'LSD, la cannabis o le anfetamine, spesso sperimentano sintomi psicotici per tutta la durata dello sballo. Sebbene le droghe di per sé non causino direttamente la schizofrenia, un uso elevato di cannabis durante l'adolescenza aumenta le probabilità di svilupparla. Molte persone che sono inconsapevolmente portatrici di alcuni geni che alterano la chimica del cervello e fanno uso regolare di cannabis si espongono a un rischio maggiore. Le persone che iniziano a fare uso di cannabis prima del tempo aumentano ulteriormente questo rischio, poiché il loro cervello è nel pieno del suo sviluppo e i suoi cambiamenti sono altamente vulnerabili all'influenza.

Differenze nella struttura e nella funzione del cervello

Molti dei fattori discussi in precedenza sono tutti esempi di cose che possono influenzare un cambiamento nella struttura, nella funzione o nella chimica del cervello. Alcuni chiedono addirittura di classificare la schizofrenia come una malattia del cervello. La maggior parte di questi cambiamenti fisici all'interno del cervello può essere osservata attraverso la tomografia computerizzata (TC) e la risonanza magnetica (RM). Spesso una persona affetta da schizofrenia viene sottoposta a queste scansioni dopo il primo episodio psicotico. Attraverso queste tecniche, la presenza di ventricoli allargati e di atrofia corticale è comunemente osservata nei pazienti con schizofrenia. In altre parole, il cervello delle persone affette da schizofrenia presenta un ingrossamento delle cavità che trasportano il liquido cerebrospinale, oltre a un processo di progressiva degenerazione della parte esterna del cervello. Più a lungo una persona ha avuto a che fare con la schizofrenia, più i suoi ventricoli si ingrandiscono. Questa è la prova che la schizofrenia causa differenze fisiche molto calcolabili nella salute del cervello e non solo sintomi psicologici.

La materia grigia cerebrale è un'altra grande preoccupazione per le persone affette da questa patologia. È probabilmente una delle strutture più importanti all'interno del cervello, responsabile di consentire al cervello di elaborare adeguatamente le informazioni. Il suo colore grigio deriva dall'alta concentrazione di corpi cellulari neuronali e cellule gliali. Nei pazienti affetti da schizofrenia, il volume della materia grigia si riduce in media del 25%. Infatti, maggiore è la gravità dei sintomi del paziente, minore è la quantità di materia grigia. La riduzione della materia grigia è comunemente associata al morbo di Alzheimer, alla depressione e al disturbo da stress post-traumatico (PTSD). Questo potrebbe spiegare perché molte persone affette da schizofrenia sono molto più inclini a sviluppare la depressione. In casi meno estremi, la riduzione della materia grigia è associata a una diminuzione delle funzioni cognitive, come la capacità di apprendimento e la qualità della memoria.

L'esperienza molto diffusa di traumi infantili tra le persone affette da schizofrenia gioca un ruolo importante nell'identificazione dei fattori che possono innescare lo sviluppo della condizione. In particolare, è stato riscontrato che la connettività cerebrale tra il cingolo posteriore - struttura che influenza l'attenzione visiva e la funzione motoria esecutiva - e l'amigdala - responsabile della nostra capacità di elaborare emozioni forti, come la paura e il piacere - è significativamente ridotta. Questo non solo peggiora le capacità cognitive della persona, ma la predispone anche a una maggiore probabilità di sviluppare la schizofrenia.

Ipotesi della dopamina

L'ipotesi della dopamina è stata proposta per la prima volta quando si è scoperto che la dopamina è un tipo di neurotrasmettitore del cervello. Un neurotrasmettitore è fondamentalmente un messaggero chimico che dai neuroni arriva ad altri neuroni, ai muscoli o alle ghiandole. Questi neurotrasmettitori sono responsabili della regolazione di alcuni processi, quali:

- Frequenza cardiaca

- Funzioni di respirazione

- Digestione

- Dormire

- Stato d'animo

- Appetito

- Concentrazione

- Movimento muscolare

Il neurotrasmettitore dopamina è specificamente responsabile della nostra capacità di provare piacere. Svolge inoltre un ruolo nella concentrazione e nei livelli di motivazione. Esistono due recettori specifici per la neurotrasmissione della dopamina, la cui attività può influenzare la forza di alcuni sintomi schizofrenici, chiamati D1 e D2. Il primo è responsabile di dettagli come la memoria, l'attenzione e il controllo degli impulsi, mentre il secondo si concentra su fattori come il sonno, l'attenzione, la memoria e l'apprendimento.

L'ipotesi della dopamina suggerisce che i livelli di attività di questi due recettori di neurotrasmissione della dopamina influenzano i sintomi della schizofrenia. In particolare, si teorizza che se i recettori D2 sono iperattivi e aumentano la loro trasmissione di dopamina, i sintomi positivi della schizofrenia sono più forti. Al contrario, i sintomi negativi e cognitivi sono attribuiti all'ipoattività dei recettori D1.

Questa ipotesi svolge un ruolo fondamentale nel sostenere la connessione tra i traumi infantili e lo sviluppo della schizofrenia. La teoria della sensibilizzazione allo stress afferma che i bambini che hanno avuto un ambiente più difficile durante la crescita sono più inclini a sviluppare malattie mentali. Nell'ambito della schizofrenia, questa teoria è applicabile in quanto la sensibilizzazione allo stress aumenta la reattività dell'asse ipotalamo-ipofisi-surrene (HPA), responsabile delle reazioni appropriate allo stress. L'aumento della reattività dell'HPA provoca una sovrastimolazione dei recettori D2, già discussi in precedenza, e aumenta la presenza di sintomi schizofrenici positivi.

CAPITOLO 2: SEGNI E SINTOMI

La schizofrenia, come già detto, presenta una serie di sintomi estremamente variabili. È fondamentale prestare attenzione ai segnali di schizofrenia propri o di un proprio caro, in quanto il trattamento deve essere ricercato il più presto possibile. Aspettare a chiedere aiuto per la schizofrenia significa che la materia grigia e il volume cerebrale complessivo continuano a diminuire e possono causare gravi complicazioni, molto più difficili da trattare in seguito.

Ciò che si vede nei media non è accuratamente rappresentativo dell'aspetto più comune della schizofrenia. Quando i media si concentrano su casi reali, di solito si concentrano solo sugli episodi più gravi di schizofrenia, creando l'illusione che tutti i casi siano così. Ciò non potrebbe essere più lontano dalla verità, che comporta uno spettro di sintomi che colpiscono diverse abilità cognitive, problemi sensoriali e comportamenti. Una persona può presentare solo alcuni dei sintomi e non altri, mentre un'altra può cambiare completamente nel corso della malattia. È interessante notare che chi ha un esordio più tardivo della schizofrenia ha maggiori probabilità di vedere una graduale diminuzione dei sintomi associati.

La schizofrenia è generalmente una malattia piuttosto debilitante, con difficoltà a comprendere gli stimoli e a scegliere una risposta appropriata che sono alcuni dei principali indicatori della condizione. Un esempio potrebbe essere quello di sorridere o ridere dopo aver ricevuto la notizia del ferimento o della morte di una persona cara. Per l'individuo affetto da schizofrenia, ciò provoca spesso una sensazione di estraneità o confusione nei confronti della realtà. L'incapacità di analizzare correttamente gli eventi e di dare una risposta adeguata è un segno di ciò che viene spesso chiamato "affetto inappropriato". L'affetto inappropriato è spesso un segno di altri disturbi psicotici, come la schizofrenia, ma può anche essere un disturbo a sé stante. Si riconosce da una grave riduzione dell'espressione emotiva della persona. Per un estraneo, l'affetto inappropriato sembra manifestarsi nelle persone con schizofrenia attraverso strane reazioni dovute alle loro allucinazioni o alla paranoia per le azioni degli altri.

Fasi della schizofrenia

Esistono tre fasi distinte della schizofrenia, che si manifestano in modo diverso in ogni individuo colpito. Queste tre fasi comprendono:

1. La fase prodromica

2. La fase attiva

3. La fase residua

La fase prodromica

Lo stadio prodromico è la fase più precoce della patologia, durante la quale l'individuo subisce sottili cambiamenti nella cognizione e nel comportamento. I sintomi di questa fase prodromica non sono generalmente associati a ciò che la maggior parte delle persone pensa quando pensa alla schizofrenia. Questo fa sì che la maggior parte delle persone non sia affatto consapevole del fatto che sta attraversando le prime fasi della malattia. I sintomi della fase prodromica comprendono:

- Sbalzi d'umore

- Difficoltà di concentrazione

- Modelli di sonno anormali

- Nuova comparsa di depressione o ansia

- Un senso di sfiducia negli altri che in precedenza non esisteva.

- Ritiro sociale

- Mancanza di energia e motivazione

- Perdita di interesse per le cose che prima procuravano piacere

La fase prodromica del disturbo può durare da poche settimane a diversi anni. Circa il 75% delle persone affette da schizofrenia riferisce di aver attraversato la fase prodromica. Individuare la schizofrenia in questa fase iniziale può essere di grande beneficio per l'individuo, poiché il trattamento in questa fase può potenzialmente prevenire i sintomi della psicosi che si manifesterebbero successivamente. Sfortunatamente, il trattamento è estremamente raro in questa fase, poiché molte persone che presentano i sintomi comuni alla fase prodromica della schizofrenia mostrano segni riscontrabili anche in altre malattie mentali; distinguere chi svilupperà e chi no le fasi successive della schizofrenia è incredibilmente difficile. Inoltre, la maggior parte degli estranei che osservano una persona cara che presenta questi sintomi non pensano che si tratti di un segno di schizofrenia e presumono che si tratti di una fase comportamentale temporanea. Tuttavia, accade che alcune persone nella fase prodromica della schizofrenia non la superino mai.

La fase attiva

Lo stadio successivo della schizofrenia è quello attivo, noto anche come schizofrenia acuta; comprende i segni più evidenti e caratteristici del disturbo. In media, una persona che si trova in questa fase del disturbo ha già manifestato i suoi segni per i due anni precedenti. Durante la fase attiva, i medici sono soliti classificare la condizione in uno dei seguenti cinque sottotipi:

- **Schizofrenia catatonica.** Si tratta di un tipo di schizofrenia in cui l'individuo colpito ha periodi di tempo in cui si muove poco e non risponde alle richieste. Questo può essere compensato da altri periodi di tempo pieni di iperattività e di imitazione dei movimenti o dei discorsi degli altri.

- **Schizofrenia disorganizzata.** In questa forma di schizofrenia, la persona fatica gravemente a mantenere la concentrazione. È probabile che passi da un argomento all'altro senza alcun collegamento e che dica spesso cose illogiche.

- **Schizofrenia paranoide.** Le persone affette da schizofrenia paranoide sperimentano molti pensieri deliranti e faticano a distinguerli dai pensieri normali. Alcuni credono che i media che osservano stiano inviando loro messaggi specifici, mentre altri sono convinti del malinteso altrui.

- **Schizofrenia residua.** Simile al terzo stadio della schizofrenia, il tipo residuo veniva assegnato a quegli individui che avevano una storia di episodi schizofrenici ma non li manifestavano più.

- **Schizofrenia indifferenziata.** Questo sottotipo veniva assegnato a individui che presentavano alcuni sintomi di schizofrenia, ma non abbastanza da essere considerati affetti da una delle categorie precedenti.

Tuttavia, questo sistema non ha funzionato bene per la diagnosi della condizione a causa delle numerose sovrapposizioni tra i sottotipi proposti. Per questo motivo, i medici non cercano più di classificare la forma di schizofrenia unica di ogni individuo in categorie e la esaminano invece come uno spettro di tipi e intensità di sintomi.

Sintomi positivi, negativi e cognitivi

Nel corso della schizofrenia, la maggior parte delle persone sviluppa una combinazione di tre tipi di sintomi. Il picco di questi sintomi si verifica durante la fase attiva, mentre i sintomi positivi talvolta diminuiscono nella fase residua. I tre tipi comprendono:

- Sintomi positivi

- Sintomi negativi

- Sintomi cognitivi

I sintomi positivi prendono il nome da quelli che prevedono la presenza di sintomi o un'esagerazione del normale funzionamento. Tendono a far sentire l'individuo fuori dalla realtà e a influenzare pesantemente i processi di pensiero, le percezioni e i comportamenti della persona. I sintomi positivi possono includere:

- **Allucinazioni.** Una persona percepisce il mondo circostante in modo diverso dagli altri. Le allucinazioni possono interessare tutti e cinque i sensi: l'udito, la vista, il tatto e persino l'olfatto e il gusto. Spesso le persone affette da schizofrenia che soffrono di allucinazioni sentono cose che gli altri non sentono, sentono cose sul proprio corpo, come qualcosa che li tocca, o vedono visioni di luce inesistente, deformazioni e persino persone dall'aspetto realistico. Le allucinazioni più comuni tra le persone affette da schizofrenia sono quelle uditive e visive, mentre le altre tre sono riportate molto meno frequentemente.

- **Deliri.** L'individuo colpito è convinto di credenze che non sono vere. Il più delle volte, queste idee sembrano strane a una persona esterna. In realtà, esistono sei tipi principali di deliri comuni alla schizofrenia:

- Le **manie di persecuzione** si verificano quando la persona crede che qualcuno voglia "prenderla". Può pensare che qualcuno la stia inseguendo, ingannando, pedinando o dando la caccia.

- **I deliri referenziali** inducono le persone a pensare che i media pubblici contengano messaggi segreti specificamente destinati a loro.

- **I deliri somatici** convincono la persona che c'è qualcosa di profondamente sbagliato nel suo corpo. Questa convinzione può riguardare problemi di salute realistici o inesistenti, come l'essere infestati da insetti.

- **I deliri erotomani** comprendono convinzioni irrazionali legate alle relazioni sentimentali. Ad esempio, si può essere convinti che una celebrità sia innamorata di loro.

- **I deliri religiosi** sono incentrati su credenze e figure religiose. L'individuo può credere di essere una sorta di divinità o di essere posseduto da un demone.

- **I deliri di grandezza** si verificano quando una persona è convinta di essere un personaggio pubblico famoso.

- **Pensieri disorganizzati.** La persona non è in grado di formulare pensieri logici o di esprimere ciò che ha in mente. Spesso questo si manifesta con rapidi cambi di argomento, combinazioni confuse di parole e altro ancora.

- **Movimenti anomali.** Una persona affetta da schizofrenia può manifestare strani movimenti e funzioni motorie. Questo fenomeno è spesso associato a un comportamento catatonico.

I primi due di questi sintomi positivi, allucinazioni e deliri, sono entrambi sintomi di psicosi. Causano un distacco dalla realtà della vita e rendono difficile per alcune persone identificare se ciò che stanno vivendo è reale o falso. Alla fine, con un'assistenza adeguata, la persona può imparare a distinguere tra i due e adattarsi a vivere nella realtà.

A differenza dei sintomi positivi, i sintomi negativi prendono il nome dal fatto che eliminano alcune caratteristiche della normale funzione mentale della persona. I sintomi negativi primari sono spesso considerati come i sintomi di base della schizofrenia, che sono presenti indipendentemente dai sintomi positivi. I sintomi negativi secondari possono includere anche quelli causati dai farmaci utilizzati per il trattamento della schizofrenia stessa. In effetti, molte persone che invecchiano e sperimentano una diminuzione dei sintomi positivi vedranno anche un aumento della gravità dei sintomi negativi. Questi sintomi riguardano sia il mondo interiore della persona sia il modo in cui si esprime, e comprendono:

- Mancanza di interesse

- Ritiro sociale

- La mancanza di piacere

- Non è in grado di soddisfare le esigenze della vita quotidiana, come ad esempio l'igiene.

- Mancanza di espressione emotiva

- Voce priva di emozioni quando si parla

- Mancanza di contatto visivo

Scansioni come la risonanza magnetica o la tomografia a emissione di positroni (PET) hanno dimostrato che i livelli di attività nella corteccia frontale media e nella corteccia parietale inferiore del cervello dei pazienti schizofrenici sono significativamente più bassi di quelli della popolazione generale. Inoltre, gli scienziati hanno scoperto che quanto minore è l'attività in queste aree, tanto più forte è l'esperienza dei sintomi negativi.

Paul Eugen Bleuler, psichiatra svizzero del XIX e XX secolo, raggruppò i sintomi negativi in quelle che oggi sono conosciute come le quattro A:

- Alogia: estrema mancanza di parola di una persona

- Autismo: disconnessione della persona dalla realtà esterna

- Ambivalenza: le reazioni estreme manifestate da una persona affetta da schizofrenia.

- Affect blunting: alcuni sintomi dell'individuo vengono mascherati fino a quando non vengono scatenati da un evento esterno.

Si ritiene che le quattro A siano sintomi della schizofrenia presenti per tutta la sua durata. Sono questi sintomi fondamentali proposti da Bleuler che hanno aiutato gli scienziati moderni ad approfondire la presenza di sintomi negativi nei pazienti affetti da schizofrenia.

L'ultima categoria moderna di sintomi schizofrenici è quella cognitiva, ovvero rallenta la capacità del cervello di elaborare le informazioni. Questi sintomi influenzano il pensiero, la memoria e la capacità di pianificazione di una persona. A volte i sintomi cognitivi sono piuttosto lievi, mentre per altri sono gravi e persistenti. I sintomi cognitivi includono

- Problemi di concentrazione

- Difficoltà ad assorbire nuove informazioni

- Difficoltà ad esprimere le proprie idee

In accordo con la connessione precedentemente esaminata tra i sopravvissuti ai traumi infantili e la schizofrenia, il tipo di esperienze vissute dal paziente da bambino può influenzare i sintomi di cui soffre. Ad esempio, gli studi dimostrano che i bambini che hanno subito abusi sessuali hanno maggiori probabilità di sviluppare allucinazioni, mentre i bambini cresciuti in un istituto per minori hanno maggiori probabilità di sviluppare paranoia. Ciò avvalora ulteriormente l'idea che le esperienze vissute da bambini influenzino il funzionamento del cervello in modo tale da rendere molto più probabile l'insorgenza della schizofrenia e dei suoi sintomi.

La fase residua

L'ultimo stadio della schizofrenia è quello residuo. Questo stadio può essere considerato come una fase di graduale recupero, o almeno di diminuzione, di alcuni sintomi. Il più delle volte, i soggetti che si trovano nella fase residua non presentano sintomi gravi, come allucinazioni o deliri. I sintomi comuni a questa fase corrispondono ai sintomi negativi del disturbo. Sfortunatamente, la depressione è abbastanza comune nelle persone che si trovano nella fase residua, poiché riconoscono gli effetti che la schizofrenia ha avuto su di loro e sulla loro vita. Monitorando adeguatamente l'eventuale peggioramento dei sintomi depressivi o le ricadute degli episodi schizofrenici, la persona ha maggiori probabilità di mantenere un benessere emotivo stabile. Affinché una persona possa passare con sicurezza a questa fase, è necessario adottare misure adeguate in termini di trattamento durante la fase attiva. Altrimenti, se non trattati, i sintomi della fase attiva possono rimanere per mesi e ripresentarsi spesso. Ciò rappresenta una grave minaccia per la salute della persona e riduce le sue possibilità di condurre una vita regolare nella società.

Esperienze comuni

I fattori scatenanti sono eventi altamente stressanti il cui verificarsi può causare l'insorgenza della schizofrenia in persone che sono a rischio di svilupparla. I fattori scatenanti più comunemente riportati sono:

- Morte di una persona cara

- Perdita del lavoro

- Senzatetto

- La fine di una relazione, compreso il divorzio

- Abuso: fisico, sessuale o emotivo

Questi e altri eventi possono far sì che l'individuo subisca un forte shock o una quantità di stress tale da far sì che il cervello inizi a funzionare in modo anomalo.

Alcuni specialisti suddividono le fasi della schizofrenia anche oltre, al di là delle sole fasi prodromica, attiva e residua. In particolare, esaminano la fase prodromica in due parti: la fase prodromica iniziale, in cui i sintomi sono estremamente lievi, e la fase prodromica avanzata, in cui i sintomi subclinici si rafforzano. Anche la fase attiva viene divisa in due: la fase di psicosi precoce, in cui i sintomi si manifestano come episodi psicotici nel peggiore dei casi, e la fase intermedia, in cui i sintomi sono ancora attivi ma non così frequenti. In questo metodo di categorizzazione, la fase residua è chiamata "fase di malattia tardiva", ma i suoi sintomi rimangono gli stessi del sistema a tre categorie.

Un'interessante connessione che è stata osservata nel corso dell'esistenza della schizofrenia riconosciuta è quella con la religione e la spiritualità. Come per i sintomi positivi, molti aspetti religiosi sono spesso legati alle esperienze di schizofrenia delle persone. Esistono numerose analogie che si sovrappongono tra le allucinazioni uditive e visive e le esperienze religiose. In effetti, molte persone tendono a chiedere aiuto a un sacerdote piuttosto che a un medico quando entrano per la prima volta in contatto con deliri e allucinazioni schizofreniche.

Molti deliri e allucinazioni sono direttamente paralleli alle esperienze di coloro che cercano un esorcismo: apparizioni demoniache, deformazioni demoniache del proprio corpo, essere posseduti da un demone, ecc. Ad esempio, i pazienti cristiani e cattolici romani affetti da schizofrenia hanno maggiori probabilità di avere deliri religiosi di colpa e di peccato rispetto ai pazienti che credono in altre religioni. Sebbene non siano ancora state tratte conclusioni in termini di relazione tra schizofrenia e religiosità, ciò dimostra che le convinzioni pregresse di una persona possono influenzare i sintomi che sperimenta. In altre parole, le credenze, i pensieri e le paure specifiche di una persona prima dell'insorgenza della schizofrenia possono giocare un ruolo importante nella formazione dei modelli di pensiero e dei deliri durante la fase attiva della schizofrenia.

CAPITOLO 3: DIAGNOSI E TRATTAMENTO

L'importanza di cercare aiuto subito dopo l'insorgenza della schizofrenia non può essere sopravvalutata. Quanto più precoce è l'intervento, tanto più positivi saranno gli esiti del trattamento. Infatti, un trattamento adeguato dopo il primo episodio psicotico riduce di oltre il 50% l'insorgenza di ricadute. Purtroppo, molte persone che sperimentano i sintomi in prima persona possono avere le capacità cognitive compromesse al punto da non essere consapevoli dei loro effetti e quindi non cercano un trattamento per se stessi. Quanto più a lungo la schizofrenia non viene trattata prima di partecipare a una terapia e a farmaci appropriati, tanto meno benefici saranno i loro effetti.

La diagnosi di schizofrenia presenta molte difficoltà. Per il medico, ciò è dovuto alla sporadicità comune alla maggior parte delle manifestazioni schizofreniche, con molti episodi psicotici che vanno e vengono inaspettatamente. Non tutti i pazienti affetti da schizofrenia sperimenteranno un episodio psicotico estremamente grave che porterà al loro ricovero e alla successiva diagnosi. Per alcuni, le allucinazioni iniziano in modo così lieve che la persona non è nemmeno sicura di averle sperimentate. Chi soffre di deliri, invece, è probabile che pensi che le proprie convinzioni siano molto reali e che gli altri semplicemente non le capiscano.

Essendo una condizione così complessa e pericolosa, diventa terribilmente più rischiosa per la vita di coloro che non ricevono un trattamento adeguato. I numeri mostrano che il 69% delle persone affette da schizofrenia non riceve le cure adeguate di cui ha bisogno, e il 90% di loro vive in Paesi a basso e medio reddito. Mentre la scienza e la ricerca dietro la schizofrenia continuano a evolversi, i suoi trattamenti rimangono inaccessibili a molti. In passato, l'obiettivo era principalmente quello di rendere la condizione il più facilmente gestibile possibile. In altre parole, finché il paziente rimaneva in vita e l'assenza di episodi psicotici estremi ne facilitava la gestione da parte di chi lo assisteva, il trattamento era considerato efficace. Purtroppo, molti Paesi che non hanno i fondi per migliorare questi standard continuano a utilizzare le stesse tecniche, togliendo a molte persone affette da schizofrenia il potenziale di una vera guarigione. Nei Paesi ad alto reddito, l'attenzione per il trattamento della schizofrenia si è fortunatamente spostata negli ultimi due decenni. Attualmente, i trattamenti vengono ampliati per fare di più del minimo indispensabile. La strada da percorrere è ancora lunga, poiché molte persone non considerano ancora la guarigione come il loro vero obiettivo, ma piuttosto la gestione dei sintomi nel corso del progressivo deterioramento. L'inaccessibilità ai trattamenti nei Paesi a più alto reddito è quasi sempre dovuta ai loro costi.

Un altro fattore che mette comunemente a rischio il benessere dei pazienti con schizofrenia è la diagnosi errata. Sebbene la schizofrenia sia in realtà uno dei disturbi psichiatrici più correttamente diagnosticati, con un tasso di accuratezza del 76,29%, rimane comunque una possibilità su quattro che la persona venga inizialmente diagnosticata in modo errato. Poiché alcuni sintomi positivi della schizofrenia aumentano di gravità nel tempo, i sintomi iniziali di iper e ipo attività possono essere scambiati per quelli del disturbo bipolare. Il disturbo bipolare comporta, allo stesso modo, sintomi di sbalzi d'umore e periodi di alta motivazione ed energia (mania) e periodi di mancanza di attività (depressione). Il vero pericolo di una diagnosi errata dei disturbi psichiatrici deriva dal successivo trattamento assegnato al paziente. Sebbene alcuni processi di trattamento possano essere simili nel nome tra molti disturbi psichiatrici, le tecniche utilizzate nella psicoterapia, ad esempio, possono essere molto diverse e portare a risultati indesiderati se utilizzate sulla base di un disturbo erroneamente diagnosticato. Purtroppo, i neri e i latini che soffrono di schizofrenia sono quelli che più spesso sbagliano diagnosi. Alcuni ritengono che il tasso di diagnosi errate per le persone di queste razze sia più elevato a causa di incomprensioni culturali.

In tutto il mondo, è stato riscontrato che i tassi di schizofrenia sono quasi doppi nei Paesi a più alto reddito. Evidentemente, ciò deriva semplicemente dai tassi più elevati di diagnosi. Questo non solo implica che ci sono molte persone in tutto il mondo che vivono senza una diagnosi e un trattamento adeguati, ma significa anche che l'attuale statistica che indica che meno dell'1% della popolazione mondiale è affetta da schizofrenia probabilmente sottostima di molto la realtà.

Processo medico di diagnosi della schizofrenia

Se ritenete di aver avvertito i sintomi della schizofrenia, iniziate a rivolgervi a un medico di base o a uno psichiatra che sarà in grado di eseguire una valutazione mentale e un esame fisico. Il medico chiederà poi informazioni sulla vostra storia familiare di disturbi psichiatrici per aiutarvi a identificare eventuali fattori di rischio che potrebbero aumentare le probabilità di sviluppare la schizofrenia. Poiché alcuni sintomi della schizofrenia sono simili a quelli di alcune gravi malattie fisiche, i professionisti del settore medico condurranno spesso alcuni esami diagnostici, come una risonanza magnetica, una TAC o persino analisi del sangue, per assicurarsi che sia effettivamente un disturbo psichiatrico il responsabile di queste esperienze. A volte, un tumore cerebrale fisico può causare effetti simili. Spesso si ricorre anche agli esami delle urine per verificare se l'abuso di sostanze possa essere la causa delle esperienze. Una volta escluse le cause fisiche, il medico di fiducia generalmente si rivolge direttamente a uno psichiatra specializzato. Gli psichiatri sono persone che hanno completato almeno 11 anni di studi medici e psicologici a livello universitario e sono generalmente i clinici più anziani nei gruppi di psicologi. In genere sono loro a coordinare un'équipe di specialisti e operatori che assisteranno l'individuo in tutte le fasi del trattamento della schizofrenia.

Il processo di diagnosi della schizofrenia è difficile, lungo e richiede un monitoraggio meticoloso dei sintomi. Come per molti altri disturbi psichiatrici, la diagnosi è più accurata se si tiene conto della storia dei sintomi e della loro frequenza. Nel caso della schizofrenia, questo processo può essere particolarmente lungo. Affinché il medico possa diagnosticare con precisione la schizofrenia, il paziente deve aver sperimentato cambiamenti nella sua normale cognizione e deve presentare almeno due dei sintomi positivi della schizofrenia per un periodo di tempo di un mese. Seguendo questi sintomi per un periodo di tempo sufficientemente lungo, si riducono le possibilità di diagnosi errate. Durante il processo di diagnosi, medici e terapeuti utilizzano sempre manuali diagnostici per registrare e analizzare i sintomi descritti dal paziente. In passato, questi manuali includevano il DSM-4 e i suoi predecessori, anche se questi vengono spesso aggiornati in seguito a nuove scoperte. Attualmente lo standard è il Manuale diagnostico e statistico dei disturbi mentali (DSM-5), pubblicato dall'American Psychiatric Association. Esso include sintomi e passi per diagnosticare un totale di circa 157 disturbi diversi. Il DSM-5 è quello che viene attualmente utilizzato per valutare correttamente a quale malattia mentale si riferiscono i sintomi combinati. Altre tecniche comunemente utilizzate includono una combinazione delle seguenti:

- **Brief Psychiatric Rating Scale (BPRS).** Uno psichiatra valuta la gravità della schizofrenia di una persona attraverso una conversazione di circa mezz'ora con il paziente e i suoi assistenti.

- **Test cognitivi.** Vengono utilizzati per valutare le capacità di memoria, pensiero, linguaggio e identificazione.

- **Test di personalità.** In genere, questi test ricercano i tratti di personalità comuni alle persone affette da schizofrenia, come una forte timidezza, diffidenza, dubbi, mancanza di fiducia, suscettibilità allo stress e altro ancora.

- **Test a risposta aperta.** Si tratta della ricerca continua di somiglianze con i segni della schizofrenia; un test comune in questa categoria è il test di Rorschach.

Questi tre tipi di test hanno lo scopo di valutare le capacità cognitive dell'individuo e di osservare se ci sono processi di pensiero anomali che fanno pensare a sintomi di schizofrenia.

Trattamento generale

Per quanto spaventosa possa sembrare questa condizione, in realtà è altamente curabile. In effetti, è persino più curabile di molte malattie fisiche, con una percentuale di successo del 60%. Anche in questo caso, è importante ricordare che il suo successo dipende in larga misura dal periodo in cui si cerca un trattamento: prima è, meglio è. Il tempo medio che intercorre tra il primo episodio psicotico e il trattamento è di sei-sette anni. In questo lasso di tempo, il volume cerebrale diminuisce e le ricadute si verificano molto più spesso di quanto non accadrebbe se la persona fosse già in trattamento. I trattamenti incoraggiati per una persona con diagnosi di schizofrenia sono i seguenti:

- Farmaci

- Psicoterapia

- Terapia comportamentale

I farmaci psichiatrici sono necessari non appena il paziente riceve la diagnosi. I farmaci antipsicotici vengono somministrati per aiutare l'individuo a ridurre e vivere i sintomi più gravi, come allucinazioni e deliri. Esistono due generazioni di farmaci antipsicotici: quelli di prima generazione, "tipici", e quelli di seconda generazione, "atipici". I farmaci antipsicotici di prima generazione sono un po' più vecchi e vengono utilizzati principalmente per affrontare i sintomi positivi della schizofrenia. A differenza degli antipsicotici atipici, diminuiscono la trasmissione della dopamina. Questa categoria comprende farmaci come:

- Torazina

- Prolixin

- Haldol

- Loxitane

- Trilafon

- Navane

- Stelazina

I farmaci antipsicotici di seconda generazione sono di recente invenzione e comprendono:

- Abilify

- Saphris

- Clozaril

- Fanapt

- Latuda

- Zyprexa

- Invega

- Risperdal

- Seroquel

- Geodon

I farmaci antipsicotici atipici sono utilizzati in genere per aiutare a stabilizzare i sintomi negativi, come gli sbalzi d'umore, la diminuzione della motivazione e l'elaborazione confusa dei pensieri. Tra questi, la clozapina (clozaril) è un farmaco antipsicotico unico nel suo genere, grazie alla sua capacità di ridurre i pensieri suicidi nei pazienti schizofrenici. Purtroppo, nonostante l'enorme numero di benefici offerti da questi farmaci, essi possono anche causare alcuni effetti collaterali indesiderati. Per la prima categoria di farmaci - gli antipsicotici atipici - questi effetti collaterali indesiderati includono comunemente problemi di movimento e rigidità muscolare. Gli antipsicotici atipici, tuttavia, non bloccano la dopamina e quindi hanno effetti collaterali diversi. Piuttosto che problemi di movimento e muscolari, gli antipsicotici atipici possono causare un aumento di peso e una maggiore probabilità di sviluppare il diabete di tipo due. La clozapina è probabilmente l'antipsicotico più utilizzato per la schizofrenia, grazie alla sua percentuale di successo del 30% nella diminuzione degli episodi psicotici e nella riduzione delle tendenze suicide. Altri effetti collaterali dei farmaci antipsicotici sia tipici che atipici possono essere:

- Sonnolenza

- Stordimento

- Bocca secca

- Nausea

- Pressione sanguigna bassa

- Minor numero di globuli bianchi

Oltre agli antipsicotici prescritti, per i pazienti affetti da schizofrenia sono necessari anche trattamenti psicoterapeutici. I trattamenti psicoterapeutici comprendono la terapia individuale, la terapia di gruppo e la terapia cognitivo-comportamentale (CBT). I tre tipi di terapia lavorano insieme per aiutare la persona a comprendere e imparare a gestire i propri sintomi e a integrarsi nella società in situazioni sociali. La terapia individuale si concentra sul primo aspetto: Il terapeuta insegna alla persona a gestire i pensieri intrusivi e a reagire in modo da non danneggiarli ulteriormente. La terapia di gruppo svolge un compito simile con l'inclusione di altre persone che si trovano in situazioni simili con un disturbo psicologico. La terapia cognitivo-comportamentale (CBT) può aiutare la persona a capire quali sono i fattori scatenanti dei suoi sintomi positivi, come le allucinazioni e i deliri. Attualmente, i farmaci più efficaci utilizzati per combattere i sintomi positivi della schizofrenia non sono molto utili per ridurre i sintomi negativi. Ciò lascia molte persone con schizofrenia ancora poco attrezzate nelle situazioni sociali. Per questo motivo, quando è necessario, lo psichiatra può incoraggiare un quarto tipo di terapia, la terapia di potenziamento cognitivo (CET), che combina esercizi cognitivi al computer e terapia di gruppo per migliorare le abilità sociali e il funzionamento cognitivo dell'individuo.

Una volta che una persona ha partecipato al trattamento per un certo periodo di tempo, i suoi psichiatri implementano la Scala delle Sindromi Positive e Negative (PANSS) per tenere traccia dei suoi effetti. Il test PANSS viene generalmente eseguito a intervalli comuni ed è simile al test BPRS eseguito durante la diagnosi iniziale: Lo psichiatra conduce un'intervista di 30 minuti e confronta i risultati con quelli precedenti per verificare l'efficacia della combinazione di farmaci e terapia fornita. Valuta 30 diversi item del PANSS e fornisce un punteggio compreso tra 30 e 210 punti. Se decidono di condurre valutazioni più dettagliate, è probabile che si rivolgano ai test della Scala per la valutazione dei sintomi positivi (SAPS) e della Scala per la valutazione dei sintomi negativi (SANS). La SANS esamina il paziente alla ricerca di segni di uno dei 25 sintomi negativi totali della schizofrenia, mentre la SAPS fa lo stesso per 34 sintomi positivi totali. Nel corso del tempo, tutti questi risultati vengono confrontati con quelli precedenti per indicare se il trattamento sta funzionando o se deve essere modificato per massimizzarne l'efficacia. La buona notizia è che, dopo 10 anni dalla diagnosi, circa la metà delle persone con schizofrenia è guarita o è stata trattata in modo tale da poter vivere normalmente nella società.

Il costo delle cure, tuttavia, fa sì che molte persone partecipino solo a una parte delle terapie di cui hanno bisogno o non ricevano alcun trattamento. Il trattamento e la guarigione della schizofrenia sono due volte più costosi di quelli della depressione. I costi sono ancora più elevati se il paziente ha tendenze suicide o violente che richiedono ulteriori trattamenti, ricoveri o arresti. Negli Stati Uniti il costo di un trattamento adeguato della schizofrenia può raggiungere i 57.000 dollari all'anno. In passato, la maggior parte di questo costo annuale derivava dall'assistenza ospedaliera; oggi, la maggior parte di questo costo deriva dai farmaci antipsicotici, a causa dell'aumento del loro utilizzo. Purtroppo, a causa della sua gravità, la schizofrenia aumenta il rischio di povertà e l'unico aiuto finanziario che alcune persone affette da schizofrenia possono ricevere è il sussidio di invalidità, se soddisfano tutti i requisiti. Le persone con gravi sintomi positivi di schizofrenia possono scegliere di ricorrere a un ricovero volontario se hanno la sensazione di perdere il controllo su se stesse o sui propri sintomi. In media 90.000 persone in tutti gli Stati Uniti ricevono cure ospedaliere per questa patologia in qualsiasi momento. Una volta che i sintomi sono sotto controllo e sono sufficientemente stabili per tornare alla loro vita, vengono dimessi dall'ospedale. Se la cura richiede un trattamento più a lungo termine, alcuni scelgono di essere ricoverati in centri di assistenza psichiatrica specializzati. Per l'intero Paese, i costi totali ammontano a oltre 62 miliardi di dollari all'anno, di cui 22,7 miliardi di dollari sono costi diretti e il resto deriva dalla diminuzione della produttività, dalla mancanza di una casa e da altri fattori.

Strategie di autogestione

I professionisti sono tenuti a prescrivere farmaci, come gli antipsicotici, e a guidare il paziente attraverso varie strategie terapeutiche e valutazioni. Questi metodi ufficiali fanno miracoli per aiutare le persone con schizofrenia a migliorare la propria vita e a condurla nel modo più regolare possibile. Tuttavia, ogni ambiente e situazione è diverso per le persone affette da schizofrenia, e molti cercano altri modi per aiutarsi nel loro viaggio verso la guarigione. Infatti, uno studio ha rilevato che il 48% delle persone affette da schizofrenia si affida a tecniche di autogestione per gestire i propri sintomi. Alcune strategie comuni di autogestione utilizzate da molte persone con schizofrenia sono:

- Pensare a controargomenti contro le loro illusioni.

- Identificare alcuni aspetti positivi della condizione, come la sensazione di connessione con la spiritualità o la natura e la capacità di provare emozioni più forti della media delle persone.

- In momenti di profonda sfiducia negli altri, ripensare a periodi in cui si è provato un forte amore per qualcuno.

- Coltivare le relazioni positive nella loro vita

- Ricordarsi dei risultati positivi e coltivare l'ottimismo.

- Creare una routine realizzabile e rispettarla il più possibile.

Evidentemente, molti di questi metodi di autogestione diventano più facili con il tempo e sono rafforzati dalla terapia essenziale a cui si partecipa. Insieme, la terapia e i trucchi di autogestione rendono più facile per una persona liberarsi dagli schemi di pensiero negativi e massimizzare le possibilità di recupero. La gestione autonoma si trasforma in un'abitudine naturale e continua ad aiutare l'individuo a ridurre il rischio di ricaduta. Infatti, il 30% delle persone affette da schizofrenia vive normalmente dopo 10 anni dalla diagnosi, anche dopo aver interrotto l'uso di farmaci antipsicotici.

Un altro metodo utile per trattare la schizofrenia è l'uso di un animale di supporto. La maggior parte delle persone adotta un cane da assistenza psichiatrica (PAD), ovvero un cane da assistenza addestrato specificamente per aiutare le persone con diagnosi di malattia mentale. Questi cani aiutano la persona riducendo l'ansia e possono anche indicare quando la persona mostra segni di allucinazione. Tuttavia, alcune persone ricorrono a passare del tempo con qualsiasi altro animale che sembra ridurre i sintomi positivi. Per esempio, Molly Wilson, a cui è stata diagnosticata la schizofrenia quando aveva solo 16 anni, ha scoperto che le sue allucinazioni uditive si attenuavano quando passava del tempo con i cavalli. Il legame che si può creare tra una persona con schizofrenia e un animale può essere uno strumento molto efficace per l'autogestione.

CAPITOLO 4: STORIA DELLA SCHIZOFRENIA E DELL'ASSISTENZA PSICHIATRICA

La schizofrenia e le sue complessità hanno posto molti problemi alle persone nel corso della sua storia, sia ai ricercatori che cercavano di comprenderla sia ai pazienti che dovevano soffrire per la mancanza di conoscenze scientifiche sull'argomento. Per molto tempo, la schizofrenia non è stata nemmeno identificata come una condizione separata, ma piuttosto trattata come qualsiasi altro disturbo psicologico.

Nel XII secolo, il Bethlem, spesso chiamato "Bedlam", fu costruito per fornire una fonte di rifugio alle persone che avevano difficoltà a vivere nella società. All'inizio si chiamava Priorato di Santa Maria di Betlem e veniva utilizzato in senso religioso. In seguito, divenne noto semplicemente come ospedale di Bethlem. Per quasi cinque secoli, la sua priorità fu solo quella di fornire un posto dove stare a coloro che erano troppo poveri per permettersi un alloggio proprio. Alla fine, le persone con malattie mentali cominciarono a venire al Bethlem a causa della loro incapacità di prendersi cura di se stessi da soli. Alla fine del XVII secolo fu ricostruito e dichiarato ufficialmente manicomio. Era famoso per il suo esterno sfarzoso, che rispecchiava persino l'aspetto della Reggia di Versailles in Francia, anche se le sue fondamenta erano deboli e mal costruite come il sistema di cura che conteneva.

Per secoli, il Bethlem è stato l'unico centro di cura del Regno Unito a disposizione di coloro che lottavano con qualsiasi malattia mentale. Tuttavia, non era così che veniva definito, poiché le malattie mentali erano allora considerate come malattie fisiche e venivano trattate come tali. I trattamenti dell'ospedale di Bethlem comprendevano quindi vomito indotto, diarrea e salassi, tutti mezzi per spurgare il corpo da qualsiasi cosa facesse ammalare la persona. Questi trattamenti non venivano interrotti finché non si riteneva che la persona fosse guarita, il che ovviamente portava alla morte della maggior parte dei pazienti. Le condizioni all'interno erano orribili e assomigliavano più a una prigione torturante che a un luogo di rifugio o di cura. La maggior parte dei medici dell'epoca riteneva che le malattie mentali sperimentate dai pazienti togliessero loro il senso della paura, della vergogna e delle emozioni normali, rendendo "accettabile" che venissero maltrattati fisicamente, verbalmente e mentalmente dal personale. L'ambiente caotico e infernale del Bethlem lo trasformò in un'enorme attrazione turistica e non vide alcun miglioramento nell'assistenza, poiché i posti di lavoro nell'istituto venivano assegnati esclusivamente per nepotismo. Il Bethlem non offriva cure, trattamenti o assistenza e rappresentava un grande rischio di lesioni e morte per i ricoverati. Purtroppo, tutti gli istituti successivi che vennero costruiti nel tentativo di fornire un luogo di cura migliore a chi soffriva di gravi patologie mentali come la schizofrenia fecero la stessa fine, poiché le condizioni divennero sempre più abusive.

Perché, allora, così tante persone venivano ricoverate in questi cosiddetti centri di cura? Di solito, il motivo era semplicemente il disagio e il peso che la gente provava nei confronti della condizione dell'individuo colpito. Nel complesso, questi luoghi erano prigioni raccapriccianti che impedivano agli individui affetti da malattie mentali di avere un impatto sui loro amici e sulle loro famiglie.

Alla fine, questi disturbi furono riconosciuti come qualcosa che aveva a che fare con la mente e non con il corpo fisico. Questi disturbi sono stati quindi classificati nelle seguenti quattro categorie:

- Malinconia: simile alla moderna depressione

- Mania: episodi maniacali

- Demenza: simile alla schizofrenia moderna

- Pazzia morale: anch'essa simile alla schizofrenia moderna

Guardando al passato, è stato stabilito che se un paziente che è stato registrato avere malinconia, mania e demenza allo stesso tempo, era probabilmente affetto da quello che oggi è noto come disturbo bipolare.

Nel XIX secolo furono costruiti sempre più manicomi nel Regno Unito, negli Stati Uniti e in molti altri Paesi. Le condizioni, tuttavia, non erano molto migliorate in molti dei nuovi istituti. Per "curare" e contenere i sintomi dei pazienti si ricorreva a interventi chirurgici al cervello senza fondamento, a terapie estreme con scosse elettriche e a massicce quantità di farmaci sedativi. Molte di queste tattiche sono rimaste in vigore fino al XX secolo: nel 1943 i medici del Willard Psychiatric Center negli Stati Uniti hanno somministrato 1443 elettroshock senza anestesia né protezioni. Le condizioni del Willard non migliorarono nella metà del secolo successivo e fu chiuso definitivamente nel 1995. Nel corso del XX secolo, anche i manicomi che non impiegavano metodi di trattamento così abusivi furono oggetto di molte critiche a causa dell'istituzionalizzazione; in altre parole, i pazienti che riuscivano a guarire non venivano rilasciati a causa della loro incapacità di riassimilarsi nella società. Questa è un'altra ragione per cui le grandi istituzioni per l'assistenza psichiatrica venivano chiuse e si privilegiavano centri di cura più piccoli e locali.

Le attuali strutture di assistenza psichiatrica non assomigliano ai loro predecessori. Sono spesso edifici più piccoli e non rinchiudono le persone con malattie mentali. Oggi i pazienti hanno a disposizione la privacy della propria stanza e in genere ricevono un programma giornaliero organizzato che comprende attività ricreative, studio (se necessario), terapia di gruppo, pasti e visite mediche. Le persone spesso rimangono in queste strutture da un paio di giorni a diversi mesi e sono generalmente in grado di andarsene a loro piacimento se sono state ricoverate volontariamente.

I primi passi

Prima di essere erroneamente diagnosticata come malattia fisica e poi come una varietà di mania, malinconia, demenza o pazzia morale, la schizofrenia e disturbi psicologici simili venivano trattati da figure religiose. Questa pratica era particolarmente diffusa tra il XIV e il XVI secolo, quando si riteneva che queste condizioni fossero causate da possessioni demoniache, patti stipulati con il diavolo o punizioni per i peccati commessi. In quel periodo gli individui affetti venivano spesso accusati di stregoneria e bruciati sul rogo, accumulando un numero di morti pari a decine di migliaia di malati mentali. Nei secoli successivi, gli esorcismi erano una tecnica molto comune per liberare i malati di mente dai demoni da cui si pensava fossero posseduti. A volte si ricorreva anche al processo di trepanazione, che consisteva nel praticare dei fori nel cranio della persona colpita nel tentativo di liberare le cause soprannaturali che ne disturbavano la mente. È interessante notare che nel mondo moderno è stato riscontrato che le persone affette da schizofrenia sviluppavano probabilmente deliri e allucinazioni a tema religioso solo dopo che questa possibilità era stata loro suggerita.

Le testimonianze sulla schizofrenia e su disturbi psicologici simili risalgono già al 2000 a.C.. Testi che descrivono sintomi simili alla schizofrenia sono stati ritrovati in civiltà antiche, che vanno dalle terre degli odierni Paesi africani, asiatici ed europei. Molti di essi riflettevano le stesse convinzioni dell'epoca medievale, ovvero che le forze soprannaturali fossero responsabili di queste condizioni.

La persona a cui si attribuisce il merito di aver identificato la schizofrenia come un disturbo psicologico distinto è stato il Dr. M. alla fine del XIX secolo. Egli la definì come "una malattia biologica causata da processi anatomici o tossici". Tuttavia, la definì "dementia praecox", derivante dalla categoria di demenza precedentemente accettata per la diagnosi delle malattie mentali. Riteneva inoltre che con l'età la dementia praecox si sarebbe sempre evoluta in una demenza vera e propria. La persona che introdusse il termine schizofrenia e lo definì più da vicino a quello che è oggi è il già citato psichiatra svizzero Eugen Bleuler nel 1908. Egli è anche il primo a riconoscere realmente la variabilità dei sintomi e ad affermare che il funzionamento cognitivo delle persone affette da schizofrenia non era costantemente alterato, ma talvolta solo in determinate situazioni. Egli riteneva che il fattore unico della schizofrenia fosse la dualità di un funzionamento cognitivo inibito e di un distacco dalla realtà. Questo concetto fondamentale è alla base dell'identificazione dei sintomi positivi e negativi della schizofrenia.

La ricerca moderna indica la probabilità che la schizofrenia sia contenuta negli stessi geni che hanno conferito al cervello dell'uomo una complessità unica. In effetti, la probabilità di sviluppare la schizofrenia è aumentata dopo l'evoluzione dell'homo sapiens dall'uomo di Neanderthal. In altre parole, più gli esseri umani si evolvevano, più erano suscettibili di sviluppare questa patologia. Ciò indica un interessante legame tra il gene che causa la vulnerabilità alla schizofrenia e quelli che hanno aumentato le capacità di sopravvivenza degli esseri umani. Altrimenti, gli esiti naturalmente fatali del gene sull'individuo colpito ne avrebbero causato la scomparsa.

I malintesi del passato

Nel corso della storia, la schizofrenia è stata erroneamente identificata con numerose cose e con una serie di presunte cause. Queste idee hanno coltivato una cultura tossica intorno a questa e a tutte le altre malattie mentali che non è ancora stata completamente smantellata.

L'associazione della schizofrenia con motivazioni religiose e soprannaturali ha fatto sì che molte persone temessero le persone colpite. Questo è ciò che ha portato all'uccisione di molti malati mentali perché ritenuti streghe. Altre persone stavano semplicemente alla larga da coloro che ne erano affetti e molte famiglie erano molto più disposte a consegnare i loro cari a un luogo come il Bethlem piuttosto che a fornire loro assistenza. Spesso temevano di essere posseduti e cercavano di proteggersi. Oltre a incutere timore negli altri, questa associazione comportava anche un ulteriore stress mentale per l'individuo colpito, perché chi diceva che la sua condizione era una punizione per i suoi peccati. Invece di essere sostenuti per la loro condizione, venivano svergognati per questi presunti peccati e fatti sentire in colpa per la loro condizione, come se l'avessero provocata loro stessi. Anche nella società moderna, alcune persone continuano a negare le cause biologiche della schizofrenia e credono che sia la volontà di un essere divino a far vivere una persona con la schizofrenia.

Al di là della religione, il fraintendimento della schizofrenia ha fatto sì che molte persone venissero etichettate come semplicemente pigre, desiderose di attenzioni e irresponsabili perché incapaci di vivere una vita regolare. In realtà, la pigrizia è un atto o una scelta consapevole di chi non è affetto da malattia mentale. Nella schizofrenia è l'avolizione, più che la pigrizia, a causare l'estrema mancanza di motivazione della persona, che rende difficile portare a termine determinati compiti. Questo è spesso considerato uno dei principali sintomi negativi della schizofrenia ed è presente anche in altri disturbi, tra cui la depressione e il disturbo bipolare. Durante gli episodi psicotici, diventa ancora più difficile per una persona portare a termine anche i compiti più semplici, lasciandola in una situazione di pericolo.

A causa di queste accuse inesatte, molte persone affette da schizofrenia continuano a essere trattate come emarginate e vengono persino rifiutate da amici e familiari. Le persone più vicine li consegnano alle strutture psichiatriche e rifiutano di prendersi cura di loro. Le persone con schizofrenia vengono lasciate senza alcuna

forma di supporto, hanno maggiori probabilità di finire senza casa e di fare abuso
di sostanze, e hanno risorse molto limitate quando iniziano il loro viaggio verso
la guarigione in isolamento.

Il processo di stigmatizzazione

Sebbene la storia della stigmatizzazione risalga alla prima registrazione di sintomi
simili a quelli della schizofrenia, continuano ad esistere numerosi sistemi sociali
che spingono ancora questi concetti. Esse gonfiano la schizofrenia a dismisura
e, invece di agire per rendere il trattamento accessibile a un maggior numero di
persone, la usano come semplice notizia accattivante.

In effetti, i media nel loro complesso tendono a trasmettere informazioni sulla
schizofrenia attraverso storie che si concentrano solo sulle azioni del singolo individuo e non su come la malattia mentale abbia effettivamente colpito milioni
di persone. Questo continua a permettere alle persone di incolpare chi è affetto
da questa patologia per azioni che spesso sono al di fuori del loro controllo.
Inoltre, esamina la schizofrenia attraverso una lente che isola ogni singolo individuo colpito senza mai guardare al suo effetto di massa. Molte persone non
hanno mai conosciuto la realtà della schizofrenia. Per questo motivo, si affidano a
varie forme di media per acquisire informazioni al riguardo. La maggior parte dei
programmi di intrattenimento e dei notiziari li induce a pensare - consciamente
o inconsciamente - che le persone affette da schizofrenia non debbano essere
considerate come membri normali della società. È probabile che la maggior parte
delle persone che la pensano così sia entrata in contatto con colleghi, amici o
conoscenti che soffrono di disturbi psicologici, come la schizofrenia. La verità è
che, a differenza di quanto alcuni pensano, le persone affette da questi disturbi
non hanno l'obbligo di rivelare pubblicamente queste informazioni e possono
condurre una vita normale insieme a chi non ha malattie mentali.

La mancanza di accessibilità ai trattamenti può spesso portare alla condizione di senzatetto e a ricoveri che si ripetono più volte. Infatti, un'indagine ha rilevato che circa un senzatetto su tre negli Stati Uniti soffre di schizofrenia e non ha modo di ricevere cure. Questo è solo uno dei modi in cui la società criminalizza la malattia mentale.

Quando una persona che non può permettersi un trattamento ha un episodio psicotico potenzialmente pericoloso, ad esempio, non solo viene arrestata, ma è probabile che i giornali e i telegiornali ne parlino come di un'altra persona "pericolosa" affetta da schizofrenia, stigmatizzando ulteriormente chiunque sia affetto da questo disturbo. In realtà, le persone con disturbi psicologici, come la schizofrenia e il disturbo bipolare, hanno una probabilità dieci volte superiore di finire in una cella di prigione piuttosto che in un letto di ospedale.

CAPITOLO 5: RIPERCUSSIONI DEGLI STIGMI MODERNI

Sebbene le cose stiano migliorando, la schizofrenia è ancora vista in larga misura come un inconveniente per l'opinione pubblica. L'unica differenza è che oggi, nel XXI secolo, la società non avrebbe senso rinchiudere le persone in manicomi dalle condizioni disgustose. Al contrario, lo fa in modo un po' più sottile, "un po'" è la parola chiave; chiunque dedichi un po' più di tempo a indagare sull'attuale trattamento delle persone affette da schizofrenia si renderà conto di quanto la situazione possa essere a volte deplorevole.

La società - in gran parte il governo - sta deludendo le persone con disturbi psicologici. Sembra che stanzi tanti fondi per alcune aree della società, mentre ne trascura completamente altre. Il modo in cui il governo mostra quali sono le sue priorità, rende evidente quanto le persone con disturbi mentali siano in fondo alla lista. Infatti, quando si tratta di questo problema, il governo preferisce la via più facile e sceglie di criminalizzare le persone affette da malattie mentali. In parole povere, accusare e incarcerare le persone affette da malattie mentali è molto più economico che destinare denaro alle risorse per il trattamento e la riabilitazione. Inoltre, disturbi come la schizofrenia richiedono un trattamento molto più intensivo - e quindi costoso - rispetto a molte delle malattie mentali più comuni, come l'ansia e la depressione. Le persone affette da gravi disturbi psichici, come la schizofrenia, rappresentano una parte molto più piccola della società, il che rende più facile per la società stessa passare sopra alla loro ostracizzazione e ai loro maltrattamenti. Pochissime persone che non hanno a che fare con la schizofrenia nella loro vita sono consapevoli del fatto che quasi una prigione su tre negli Stati Uniti detiene persone con gravi disturbi psicologici senza alcuna accusa, semplicemente perché sono in attesa di essere valutate o di un posto in un centro di assistenza psichiatrica. Si tratta di un'azione molto diretta che punisce letteralmente le persone con malattie mentali e che assomiglia in modo inquietante alle tattiche utilizzate in epoca medievale.

Spesso si difendono queste azioni dicendo che le persone affette da schizofrenia sono spesso violente. Tuttavia, si tratta di un'esagerazione. Solo una piccola percentuale di persone affette da schizofrenia agisce in modo violento nei confronti di altri, paragonabile alla piccola percentuale della popolazione generale che diventa violenta. In realtà, le persone con schizofrenia hanno 14 volte più probabilità di essere vittime di un atto di violenza piuttosto che essere arrestate per aver agito in modo violento. Questo dato è completamente ignorato dai media, che non mostrano alla gente la realtà del legame tra violenza e schizofrenia, dove molte persone affette da questo disturbo sono spesso bersaglio di violenza piuttosto che autori. Questa possibilità è ulteriormente aumentata dal fatto che le persone affette da schizofrenia vengono rinchiuse in carcere anziché in terapia, dove la loro vulnerabilità alla violenza aumenta.

Le carceri non sono gli unici sistemi sociali in cui le persone con schizofrenia sono trattate in modo ingiusto. Il sistema occupazionale e i luoghi di lavoro sono del tutto privi di soluzioni per le persone che soffrono di una malattia mentale. Le persone con schizofrenia hanno da sei a sette volte più probabilità di rimanere senza lavoro rispetto alla popolazione generale. Come si pensa che possano pagare le cure necessarie per vivere normalmente? La risposta semplicemente non preoccupa chi non è affetto da schizofrenia. Questo fenomeno inaccettabilmente normalizzato comincerà a cambiare solo quando saranno messe in atto misure che adegueranno il sistema occupazionale per consentire alle persone con schizofrenia di trovare e mantenere un lavoro.

Un'altra convinzione errata comune sulla schizofrenia è che sia causata da una cattiva educazione dei genitori. Questa convinzione è diventata popolare dopo l'introduzione delle teorie psicoanalitiche di Sigmund Freud. Sebbene esistano prove evidenti che collegano i traumi infantili all'insorgenza del disturbo, un bambino cresciuto in un ambiente non violento non svilupperà la schizofrenia solo perché i suoi genitori hanno commesso qualche errore genitoriale.

Questa non è l'unica idea sbagliata sulla schizofrenia che pone i riflettori della vergogna sui genitori. Spesso si pensa che le persone affette da schizofrenia non siano in grado di condurre una vita normale. Ciò si riflette nell'idea che le persone affette da schizofrenia non dovrebbero farsi carico di creare una famiglia o di allevare dei figli. Questo non solo perché si teme un leggero aumento delle possibilità che anche la prole sviluppi il disturbo, ma anche perché si ritiene che queste persone non siano adatte a questo compito. Se il trattamento viene seguito in modo adeguato, le persone affette da schizofrenia possono essere assolutamente in grado di essere genitori validi e stabili. Infatti, uno studio ha rilevato che il 70% delle persone con genitori affetti da schizofrenia era soddisfatto dell'educazione ricevuta da questi ultimi. Crescere un figlio è molto più che altro una questione di dedizione all'essere un buon genitore, sia per le persone con schizofrenia che per quelle senza. Se un genitore sperimenta episodi occasionali di psicosi, è spesso una buona idea spiegarlo ai figli in modo adeguato alla loro età. In questo modo, il bambino sa cosa aspettarsi e lo accetta come qualcosa che accade piuttosto che essere spaventato dalla sua percezione.

I genitori dovrebbero conoscere bene i segnali d'allarme della schizofrenia per sapere cosa cercare se il proprio figlio mostra qualche sintomo. È proprio perché si pensa che la schizofrenia si manifesti così raramente e si presume che il bambino si comporti semplicemente in modo pigro o immaturo che la ricerca di un trattamento viene spesso ritardata. Conoscendo i segnali, i genitori sono più propensi a iniziare prima il trattamento, se necessario, e a massimizzare le possibilità del bambino di crescere come un adulto ben adattato. Sebbene la diagnosi avvenga raramente in giovane età, il maltrattamento dei bambini schizofrenici in età scolare non è raro. A causa dei sintomi positivi e negativi del disturbo, molti bambini non possono frequentare una scuola pubblica o privata, almeno per la durata di episodi psicotici particolarmente difficili. Spesso i genitori di bambini affetti da schizofrenia optano per l'istruzione domiciliare. Sebbene questa alternativa abbia i suoi vantaggi, può aumentare l'isolamento del bambino e impedirgli di costruire competenze sociali utili per il suo futuro. I bambini che continuano a frequentare le scuole pubbliche sono spesso vittime di atti di bullismo, che possono allontanarli completamente dall'interazione sociale. Inoltre, il modo in cui le informazioni vengono insegnate in classe può non essere sempre il migliore per i bambini con schizofrenia per assorbire e ricordare, rallentando di fatto i loro progressi.

Destigmatizzare la schizofrenia

Il processo di destigmatizzazione della schizofrenia inizia con ogni singola persona. Coloro che non sono consapevoli dei suoi effetti nocivi non saranno inclini a fermare o a mettere in discussione i travisamenti, gli stereotipi e i limiti imposti alle persone affette da schizofrenia. L'onere di cambiare le idee sbagliate normalizzate non deve ricadere ancora una volta su coloro che vivono con questa patologia, ma piuttosto sulla popolazione generale che attualmente svolge un ruolo attivo nel perpetuarle. Spetta alle persone senza schizofrenia lavorare insieme per creare un ambiente più accettabile.

Questo inizia con l'atto forse più importante e onnicomprensivo dell'istruzione. Quando si pensa all'istruzione, spesso la mente va direttamente all'istruzione formale, come le scuole elementari, i college e le università. In realtà, l'istruzione ci arriva da tutte le forme di media e da ciò con cui interagiamo nell'ambiente che ci circonda. Anche se siamo ancora lontani dal poter inserire nel sistema scolastico materiale adeguato sulle malattie mentali, spetta a noi aiutare a educare chi ci circonda. Anche per i genitori che non soffrono di schizofrenia, parlare ai propri figli dell'importanza della salute mentale toglie loro il potere di stigmatizzarla. Imparano che le persone convivono con diverse malattie - anche quelle che non possono vedere fisicamente - e rispetteranno queste differenze. Il cambiamento che vogliamo vedere nei sistemi, come i luoghi di lavoro e i metodi sbagliati di incarcerazione, inizia con persone a cui viene insegnato a dare valore agli altri, indipendentemente dal fatto che le loro capacità fisiche e mentali e la loro salute siano uguali alle proprie. Naturalmente, con l'educazione alle malattie mentali attualmente in uso, non sorprende che i bambini diventino adulti spaventati dalla cosa sbagliata: le persone affette da malattie mentali invece del trattamento ingiusto che subiscono. Piuttosto che affidarsi a uno o due film tristemente famosi che rappresentano male le persone affette da schizofrenia, le persone coinvolte nel mondo dello spettacolo dovrebbero spingere per un maggior numero di media che smettano di mostrare la condizione da un punto di vista unico e forniscano esempi accurati del suo spettro.

Può sembrare noioso da portare a termine, ma è attraverso questo approccio di educazione passo dopo passo che si può finalmente ottenere un cambiamento su scala più ampia. Alla fine, ci sarà un numero crescente di persone che spingerà per un cambiamento delle politiche e per un'allocazione più appropriata dei fondi governativi, rendendo il trattamento sempre più accessibile. La riabilitazione diventerà finalmente la priorità e il sistema passato di criminalizzazione e colpevolizzazione diventerà un lontano ricordo. Le cose stanno lentamente cambiando e migliorando e senza dubbio abbiamo fatto molta strada, ma c'è ancora molto da fare su questo fronte.

Cambiare la narrazione e affrontare lo stigma

Attualmente, alcuni sostengono che la schizofrenia debba essere riclassificata come una malattia del cervello al pari dell'Alzheimer. L'obiettivo di questa proposta è eliminare l'estrema stigmatizzazione che circonda la schizofrenia e, forse, destinare più fondi alla ricerca su di essa per scoprire più opzioni terapeutiche. Ciò è dovuto alla triste realtà che le malattie mentali non sono trattate con la stessa serietà delle malattie fisiche. L'organizzazione, chiamata Schizophrenia and Related Disorders Alliance of America, sta incoraggiando il Congresso a includere la schizofrenia in un programma del CDC che consentirà di condurre maggiori ricerche sui fattori neurologici sottostanti. Questo, a sua volta, darà il via alla ricerca non solo di ulteriori trattamenti, ma anche di una possibile cura della schizofrenia. Le persone affette da malattie neurologiche hanno molte meno probabilità di essere incolpate per le loro condizioni e di ricevere cure adeguate rispetto alle persone con disturbi psicologici. Grazie a questa nuova definizione di schizofrenia, altri disturbi psicologici, come il disturbo bipolare, potrebbero essere i prossimi a essere esaminati.

Anche Amanda Southworth, giovane attivista di grande ispirazione, sta facendo un grande passo verso la normalizzazione dell'accettazione delle malattie mentali. Attualmente sta cercando di creare un'applicazione che aiuti le persone affette da schizofrenia a riconoscere quando hanno le allucinazioni. Obiettivamente, sta facendo più lei per de-stigmatizzare i disturbi psicologici che intere comunità di adulti. È un peccato che le grandi aziende della Silicon Valley non diano mai la priorità alla creazione di applicazioni di questo tipo semplicemente perché sono considerate meno redditizie dal punto di vista finanziario, ma persone come Amanda Southworth sono la prova che il futuro per i malati mentali è molto più luminoso del passato.

Per le persone che vivono con la schizofrenia, lo stigma è uno dei principali fattori esterni che contribuiscono all'agitazione emotiva. Può causare sensi di colpa, aumento dell'ansia sociale e preferenza a nascondere la realtà dei propri problemi per paura di essere giudicati ed evitati. Affrontare lo stigma è un altro fardello che grava su chi è affetto da questa patologia. Coloro che lottano con i suoi effetti possono persino evitare di sottoporsi alle cure necessarie per paura dell'ingiustizia che potrebbero subire in quanto etichettati come malati mentali. Alcuni passi da prendere in considerazione per coloro che hanno a che fare con questo stigma includono:

- Liberarsi dalla vergogna interiorizzata, influenzata dalla percezione errata che la società ha della schizofrenia.

- Non lasciate che la vostra malattia vi definisca; la schizofrenia non è tutto ciò che siete e non impone chi siete o potete essere.

- Non lasciate che gli altri vi convincano di ciò che siete o non siete in grado di fare.

- Unitevi a un gruppo di sostegno per impegnarvi in un ambiente sicuro e capire che non siete soli nel vostro percorso.

- Siate onesti con i medici per assicurarvi di ricevere il trattamento più appropriato.

- Trovate persone che vi sostengano e socializzate attivamente con loro.

CAPITOLO 6: ASSISTENZA A UNA PERSONA CARA AFFETTA DA SCHIZOFRENIA

Forse la parte più spaventosa della schizofrenia è la sua capacità di passare sotto silenzio per anni. Non si rende evidente mentre si fa lentamente strada nelle funzioni cognitive, nelle capacità di socializzazione e nella percezione della realtà di una persona. Può trascorrere anni ingannando le persone, rendendole consapevoli che qualcosa in loro non va, ma senza allarmarle al punto di chiedere aiuto. A volte, prima di poter essere contenuta, si manifesta con un primo episodio di psicosi. L'individuo rischia di diventare il peggior nemico di se stesso in un momento del genere.

Per una persona esterna, assistere a un'esperienza così traumatica è estremamente difficile. Può capitare di sentirsi in colpa, di incolpare se stessi per non essersene accorti prima o di provare vergogna per non essere stati in grado di aiutare a calmare l'episodio di psicosi. La verità è che pensare in questo modo e tutto ciò che ne consegue è controproducente. Quando la schizofrenia non è mai stata incontrata prima, la maggior parte delle persone non sa quali siano i segnali di allarme. Tuttavia, anche la conoscenza di questi segnali può non essere sempre d'aiuto. Può essere estremamente difficile incoraggiare una persona che si teme sia affetta da schizofrenia a cercare un trattamento. In una situazione in cui una persona cara si rifiuta di farsi curare, il meglio che si possa fare è fornirle un sostegno sufficiente che alla fine possa indurla ad ascoltare i vostri suggerimenti. Costringere una persona a cercare aiuto contro la sua volontà non solo può farle rifiutare l'idea con ancora più forza, ma può creare un ambiente ostile in cui si sente rifiutata.

È indubbio che vedere una persona cara soffrire per qualcosa che potrebbe essere curato è difficile e straziante. Tuttavia, non bisogna considerare solo il proprio punto di vista. La loro realtà, le loro esperienze e le loro lotte hanno una loro validità e meritano di essere riconosciute. In una situazione in cui il trattamento o l'idea di cercare aiuto vengono rifiutati, l'effetto più positivo verrà dal vostro sostegno incondizionato. Non è detto che dobbiate essere d'accordo o incoraggiare le loro decisioni, ma dimostrare che siete lì per loro sarà un'azione molto importante.

Per una persona affetta da schizofrenia, le percezioni così come le conosciamo sono alterate, facendola sentire incredibilmente isolata. Ancora una volta, con la vostra attenzione e il vostro sostegno, le minacce che pensano di dover affrontare possono svanire. Convalidate le loro esperienze. Dedicate una parte del vostro tempo ad ascoltare attentamente tutto ciò che hanno da dire. Per aiutarli veramente, dovete fare del vostro meglio per capire cosa stanno passando.

Chiunque abbia una persona cara che vive con la schizofrenia, desidera che stia meglio. È un viaggio che coinvolge entrambi e le sue avversità vi coinvolgono insieme a loro. Per offrire il miglior sostegno possibile e destigmatizzare ulteriormente la schizofrenia, parlate apertamente della vostra salute mentale. Questo è anche un metodo efficace per togliere i riflettori della malattia mentale dalla persona amata. Dimostra che i problemi mentali non riguardano solo loro e può creare un legame più forte tra voi due.

Vivere con la schizofrenia

Oltre ai trattamenti professionali, molte persone sono incoraggiate a condurre uno stile di vita che offra loro stabilità. Ridurre al minimo il verificarsi di eventi sciocanti o che cambiano la vita aiuta a prevenire inutili disagi emotivi, rendendo a sua volta la strada verso l'attenuazione dei sintomi della schizofrenia molto più agevole. Sfortunatamente, questo lascia molte persone con schizofrenia in una posizione di svantaggio quando si tratta di intraprendere relazioni sentimentali. Anche le relazioni non romantiche sono spesso messe a dura prova, con molti familiari e amici della persona colpita che non vogliono assumersi la responsabilità della sua cura. Questo non solo è dannoso per il loro benessere emotivo, ma, senza un adeguato sostegno, li espone a un rischio maggiore di essere maltrattati e trascurati dal sistema medico.

Circa il 20% delle persone con diagnosi di schizofrenia è in grado di trovare un impiego nel mercato del lavoro primario. A seconda del livello di stabilità finanziaria, la disoccupazione può colpire e il denaro può diventare rapidamente un problema. A seconda della gravità dei sintomi e dei problemi finanziari, il rischio di rimanere senza casa e in condizioni di vita precarie non è molto lontano. Se il vostro caro si trova ad affrontare una situazione del genere, valutate se nella vostra vita siete in grado di aiutarlo a trovare una sistemazione. La buona notizia è che, con un'adeguata terapia farmacologica, il vostro caro ha molte più possibilità di provvedere a se stesso una volta che la situazione sarà migliorata. Potreste iniziare a stilare un elenco delle spese e a prevedere quanto siete in grado di fornire loro. Tuttavia, se la donazione di denaro non è possibile nella vostra situazione, prendete in considerazione l'idea di aiutarli a richiedere i sussidi governativi o di organizzare una raccolta fondi per loro conto.

Molte persone che assistono una persona cara affetta da schizofrenia sono sconvolte dal primo episodio di psicosi a cui possono assistere. La loro paura principale è quella di causare danni a se stessi. In una situazione così delicata, le persone che non hanno mai affrontato un evento del genere non sanno come comportarsi. In situazioni che degenerano in situazioni potenzialmente pericolose, molte persone non sanno se chiamare o meno il 911 per chiedere aiuto. Se la risposta è affermativa a una delle seguenti domande, chiamare il 911 può essere la scelta migliore per garantire la sicurezza di tutti:

- Minacciano di fare del male a se stessi o a qualcun altro?

- Hanno precedenti di tentativi di suicidio?

- Non sono in grado di nutrirsi o vestirsi da soli?

- Vivono per strada?

Se un episodio di psicosi è meno minaccioso, i passi da seguire sono mantenere la calma, ascoltare e reagire in base alle azioni della persona cara. A seconda delle esperienze vissute, la vostra presenza potrebbe apparire come una minaccia a causa di alcune allucinazioni o deliri; questo non deve mai essere preso sul personale. Il modo migliore per comunicare in questo momento è con frasi brevi e chiare che non possono essere fraintese e sono più facilmente percepite. Non fornite alcun feedback positivo o negativo, per quanto bizzarro possa sembrarvi ciò che dicono.

Tutto ciò può risultare molto faticoso per chi assiste una persona affetta da schizofrenia. Creare un proprio sistema di supporto è un modo sano ed efficace per assicurarsi di non lasciare che la propria salute mentale si deteriori. Anche senza la presenza di una malattia mentale, un buon terapeuta può aiutare ad alleviare il disagio causato dal caregiving.

Con sintomi sia positivi che negativi, la schizofrenia rende incredibilmente difficile mantenere le relazioni. Gli studi hanno rilevato che circa il 70% delle persone affette da schizofrenia non è in grado di mantenere una relazione solida. La causa di questa maggioranza è per lo più costituita da persone che non ricevono cure adeguate. Con i giusti trattamenti, una relazione stabile è molto più fattibile. Gli appuntamenti con la schizofrenia si basano ancora di più su questo, poiché anche la più sana delle relazioni sentimentali può essere messa a dura prova se gli episodi di psicosi si ripetono frequentemente e sono difficili da gestire. Tutte le relazioni di coppia richiedono sacrifici, comprensione e sostegno reciproco, ma soprattutto quelle in cui è coinvolta la schizofrenia. A causa dei problemi di fiducia potenzialmente più complicati, una relazione sentimentale come questa richiede un legame molto forte. Rassicurateli ogni volta che comunicano i loro dubbi. Se si frequenta una persona affetta da schizofrenia, anziché pensare che il proprio partner dipenda completamente da lui, bisogna dedicarsi a ciò su cui si fonda ogni altra relazione tra adulti: comunicazione aperta e rispetto reciproco.

L'importanza di un ambiente favorevole

Lo stigma che fa sembrare le persone con schizofrenia semplicemente non adatte a mantenere relazioni potrebbe potenzialmente indurle ad auto-stereotiparsi, convincendosi di conseguenza che sia vero. Con questa mentalità, la persona continuerà a non avere alcuna motivazione per cercare di aumentare le proprie interazioni sociali. Chi è convinto di fallire, semplicemente non ci proverà mai.

Tuttavia, questo impedisce loro di utilizzare qualcosa che potrebbe giocare un ruolo chiave nel loro miglioramento. Infatti, gli studi dimostrano che relazioni stabili con gli altri non solo possono migliorare i sintomi, ma possono anche diminuire le probabilità di futuri episodi di psicosi e accelerare il recupero generale. Il potere di questi legami sociali è importante quasi quanto i farmaci antipsicotici e la terapia. Una persona affetta da schizofrenia potrebbe potenzialmente sentirsi così a suo agio con il proprio terapeuta professionale da ritenere che ulteriori relazioni non le offriranno nulla di critico. Sebbene sia necessario un alto livello di fiducia e onestà tra un paziente e il suo terapeuta, avere relazioni profonde - come legami sani con la famiglia, le amicizie e i partner romantici - fornisce un tipo di supporto completamente diverso.

CONCLUSIONE

La vita ci lancia palle curve quando meno ce lo aspettiamo. A volte, le probabilità che qualcosa accada, bene o male, sono minime, eppure è proprio quello che succede. La maggior parte delle persone non presume che loro o una persona cara possa soffrire di schizofrenia, e quindi non sa cosa aspettarsi quando qualcuno la sviluppa. Tuttavia, con le giuste risorse, il rischio di schizofrenia diventa sempre meno minaccioso, non perché diminuisca, ma perché ci si sente più capaci di gestire tutto ciò che può comportare. Questo permette loro di intraprendere il viaggio verso la guarigione, non con paura, ma con accettazione e determinazione. Una persona che si è presa del tempo per capire la schizofrenia per il bene di qualcun altro nella sua vita può fornire esattamente ciò di cui potrebbe avere più bisogno: un'altra persona che è determinata a farli guarire.

Mentre il mondo continua a ruotare intorno a banali stereotipi sulla schizofrenia, attenetevi a dare la priorità al benessere vostro e di chi amate. I segni della schizofrenia che avete imparato a conoscere potrebbero fare la differenza tra una persona cara che finisce a vivere per strada e una che supera i sintomi e si prende cura di sé come chiunque altro. Gli antipsicotici prescritti e la terapia forniscono le solide basi per un futuro fiorente, pieno di riabilitazione, autosufficienza e felicità. L'amorevole comprensione che gli fornite potrebbe avere un impatto significativo di cui non vi rendete conto.

La schizofrenia influisce su ogni aspetto della vita di una persona: il modo in cui pensa, come si sente, cosa vede, ecc. Va oltre la tendenza all'autoisolamento o alla mancanza di motivazione; può creare un mondo - o meglio, un vuoto - in cui la persona lotta contro se stessa e le sue allucinazioni o deliri. Tuttavia, la difficoltà e la minaccia che la schizofrenia rappresenta non derivano solo da se stessa. Gran parte del motivo per cui le persone la temono così tanto è semplicemente il modo in cui viene rappresentata e l'ulteriore avversità della società che rende difficile l'accesso ai trattamenti. In questo modo, la schizofrenia non solo varia nei suoi sintomi, ma anche nell'esito che ci si può aspettare da essa. Finiranno per essere dei senzatetto? Potranno permettersi tutti i trattamenti necessari? E se finissero in carcere, rinchiusi per azioni su cui non avevano quasi alcun controllo?

La società continua a reggersi su ciò che i suoi antenati hanno costruito: una base sbagliata di discriminazione che ha ancora una presa sulla nostra comprensione collettiva della malattia mentale. Sembra che desideri criminalizzare coloro che lottano con la propria salute mentale per preservare qualsiasi necessità o desiderio del resto della popolazione. Lentamente, i sostenitori del mondo che lottano per la salute mentale - persone come voi che hanno fatto il passo verso l'educazione - stanno aiutando a smettere di girare intorno al comfort e ai desideri di solo una parte della popolazione, mentre gli altri vengono trattati come se il loro valore per la società fosse sostituibile. In effetti, ogni persona che fa un passo avanti nel rivalutare i propri comportamenti e la propria mentalità riguardo alla schizofrenia e a disturbi psicologici simili contribuisce a far sì che ciò accada.

Che la schizofrenia abbia influenzato la vostra vita o meno, il cambiamento inizia con voi e si ferma a chiunque le vostre azioni positive finiscano per raggiungere. Prendersi il tempo per leggere questo libro e informarsi sulla schizofrenia è stato un passo lodevole e vi ringrazio per averlo fatto.

Milton Keynes UK
Ingram Content Group UK Ltd.
UKHW020152291024
450401UK00007B/132